魚拓です2

－川政依竿魚拓と俳句作品集－

川政依竿

牧歌舎

表紙　クロダイ・マダイ・キダイ　伊東

写真：川政　依竿

カバーデザイン：高橋　啓二

角に手を置かれ鋼星冬タ陜　いづみ

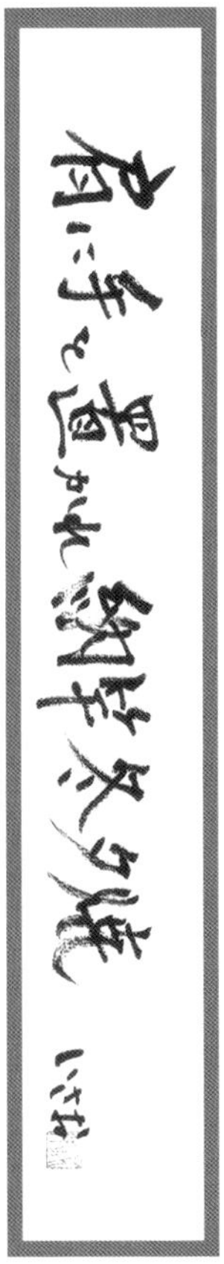

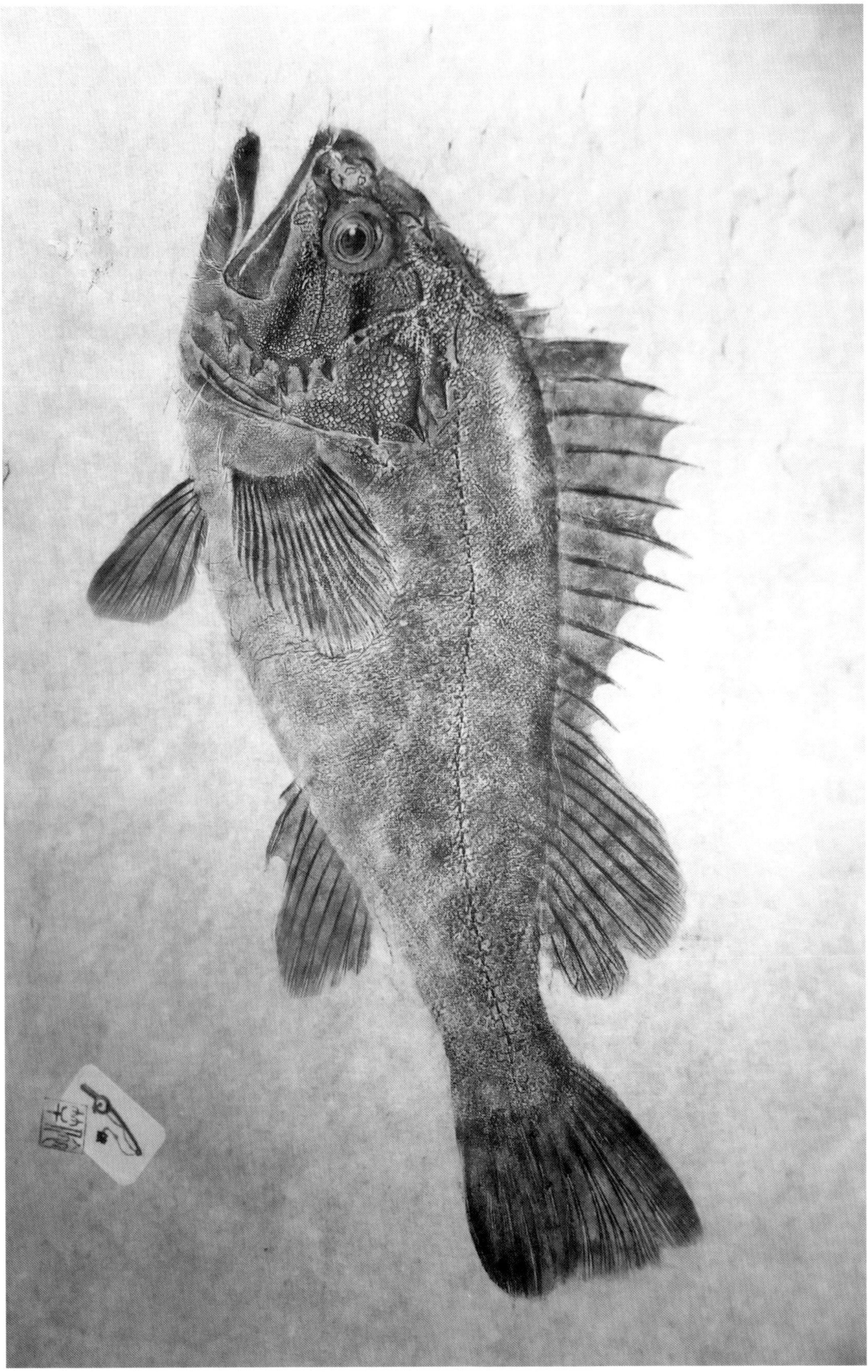

クロソイ　道南

ウスメバル　道南

トクビレ　道南

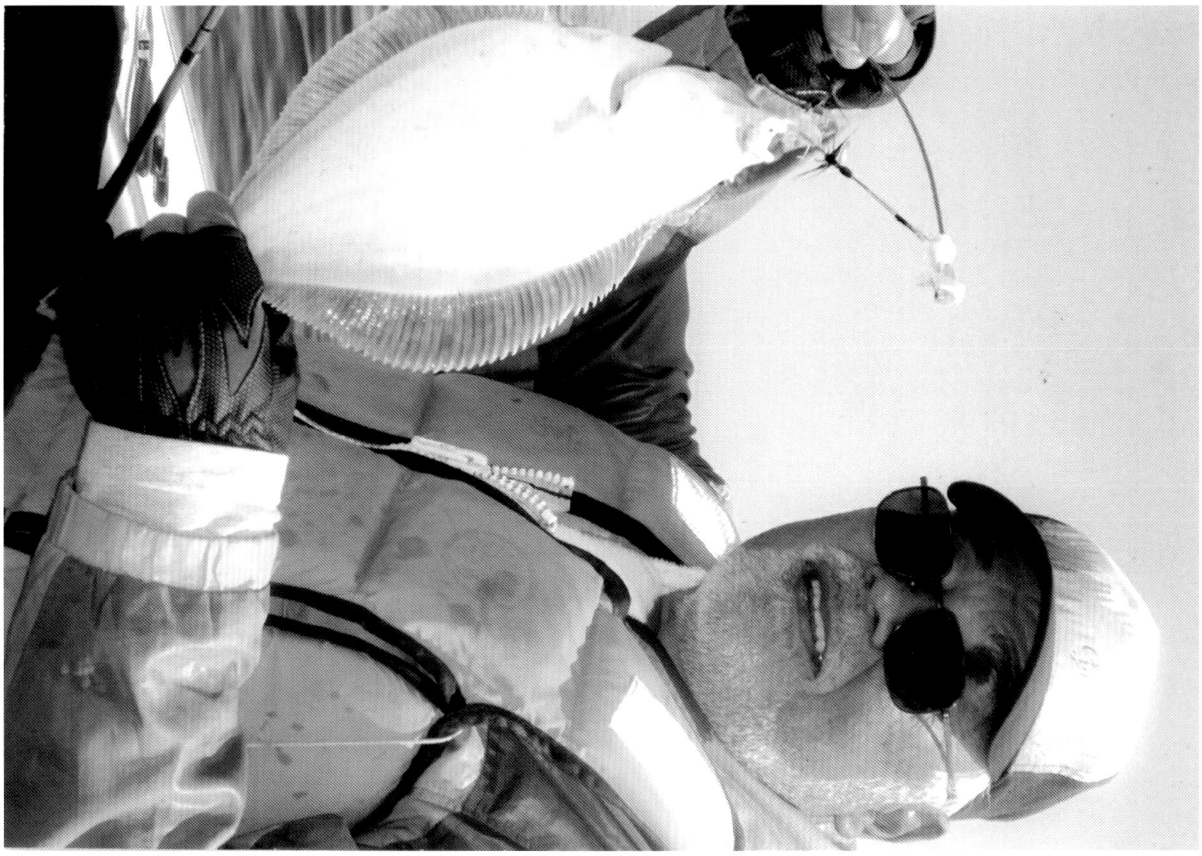

ヌマガレイ　道南

イシガレイ　道南

スナガレイ　道南

カレイ・アイナメ　道南

ヒラメ　道南

安宿の窓揺るがせて鰤おこし　いさお

ブリ　青森

ワラサ　青森

ハタハタ　秋田

イワシ　福島

イシモチ　茨城

コノシロ　茨城

オキザヨリ　千葉

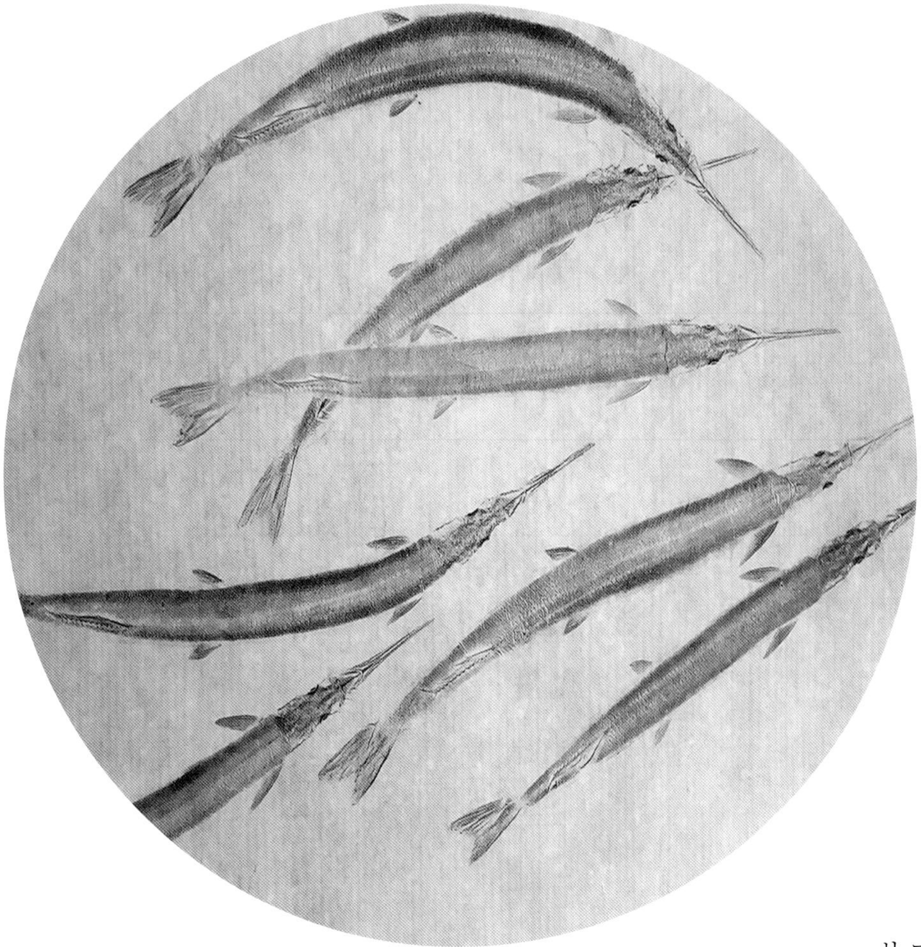

サヨリ　千葉

秋つり一日だけの魚拓展

ササノハベラ　千葉

シキシマハナダイ・ヒメダイ　千葉

キンメダイ　千葉

キンメダイ　千葉

ギンメダイ　千葉

トゲチョウチョウウオ　千葉

チカメキントキ　千葉

海の句

遊び場でありし砂山啄木忌

鶏魚釣る竿もリールも師の形見

鶏魚釣り想ふ師の辞師の仕草

出で立ちは君と見へし夜釣人

海鳥に釣り竿奪はる小春凪

送られし真鯛俎板始めかな

風荒む男の背中寒の釣り

寒夕焼港近くに赤提灯

秋刀魚群来変哲も無き港にも

海鰻釣る夜更けて暗し日本海

釣友の鼾声響く冬の宿

釣り人の顔真っ向に吹雪けり

夏真昼余白の多し芳名簿

波を追ふ波に色無し大目

玫瑰や岬を巡る監視舟

帆立貝釣れてビールのアテとなり

舫ひ船肩せめぎ合ふ十二月

マゴチ　千葉

メイチダイ　千葉

ハリセンボン　東京

逃がした大物 寺門明浩さん [談]

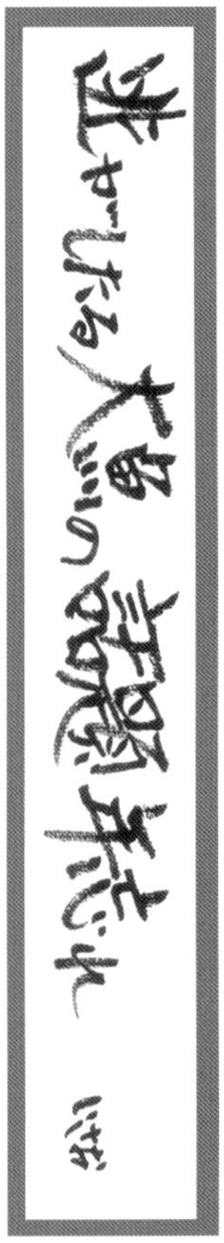

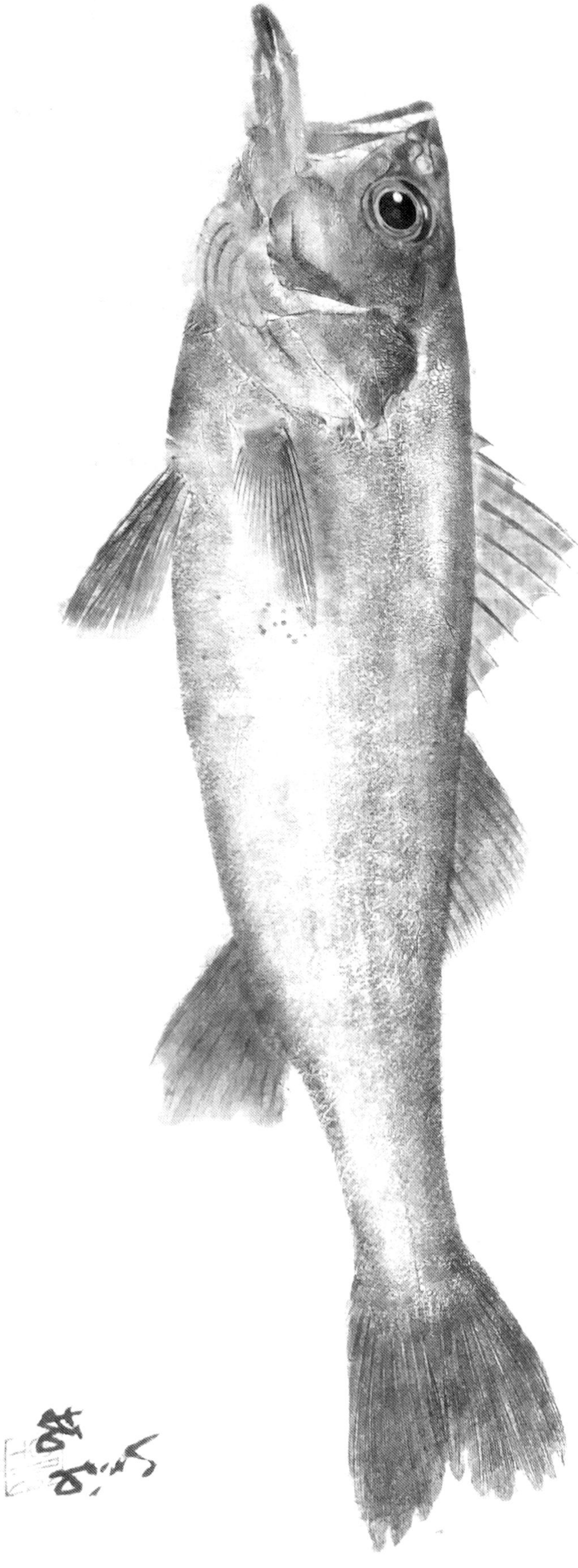

スズキ 横浜

メダイ　千葉

コバンアジ　八丈島

マアジ　伊東

ムロアジ　伊東

イラ　伊東

クロダイ　横浜

キビレ　横浜

キビレ　横浜

句作りに
小さき嘘あり
万愚節

いさお

冬銀河
いい奴ばかり
先に逝く

いさお

虫の音や
望郷の念
父母への念

依竿

また一つ
閉じる店あり
十三夜

いさお

イトヨリダイ　伊東

ホシヒメコダイ・イトヨリダイ　伊東

キダイ・イトヨリダイ　伊東

イシダイ　伊東

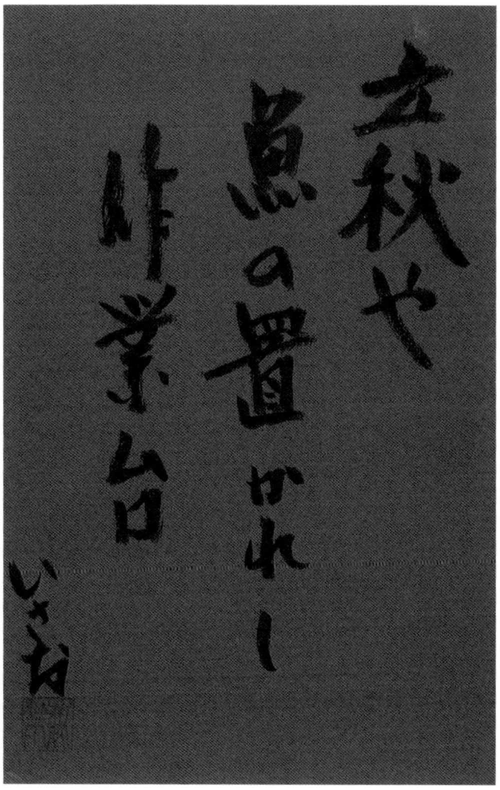

イシダイ　伊東

イシダイ　伊東

カイワリ　伊東

カイワリ　伊東

カンパチ　八丈島

シマアジ　伊豆

海の日や釣れて肴となる魚　いさお

キダイ・アマダイ　伊東

アマダイ　伊東

カガミダイ　伊東

マトウダイ　伊東

シラコダイ　伊東

シラコダイ　伊東

サクラダイ♀・シラコダイ　伊東

サクラダイ ♂・イシガキダイ　伊東

コガネスズメダイ・サクラダイ♂　伊東

スズメダイ・コガネスズメダイ　伊東

雁渡しゆっくり降ろすスピンカー

スズメダイ　伊東

メジナ　伊東

トゴットメバル・メジナ　伊東

オニカサゴ　伊東

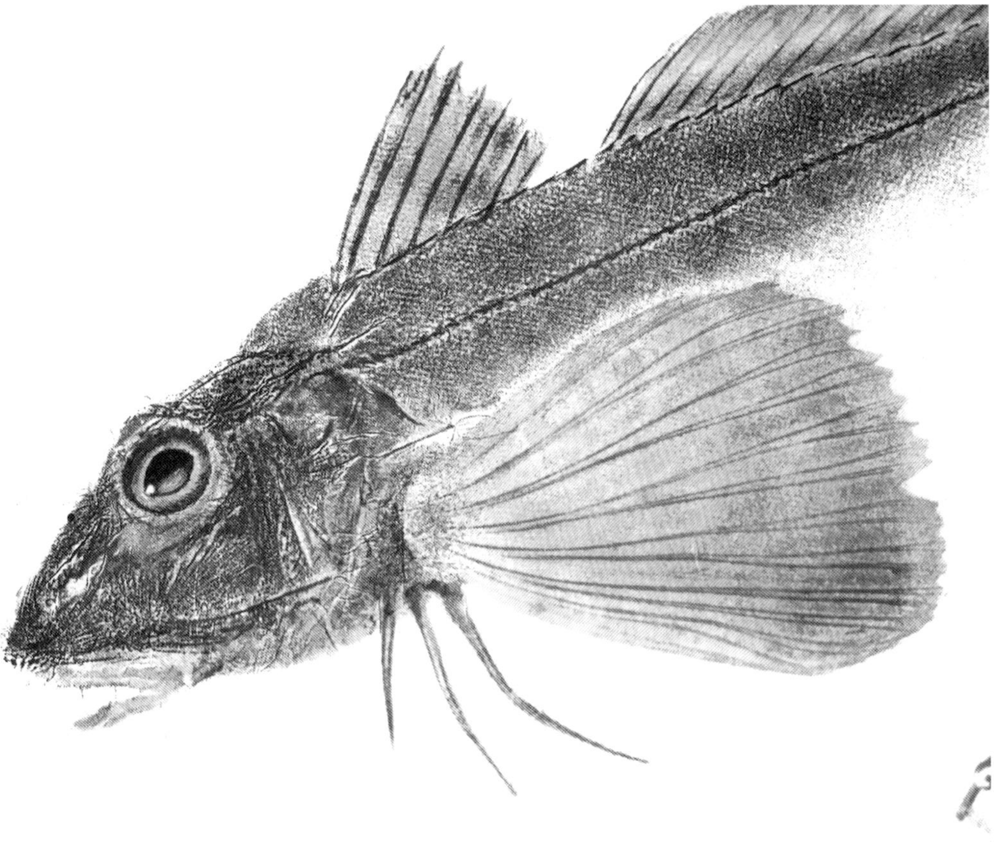

ホウボウ　伊東

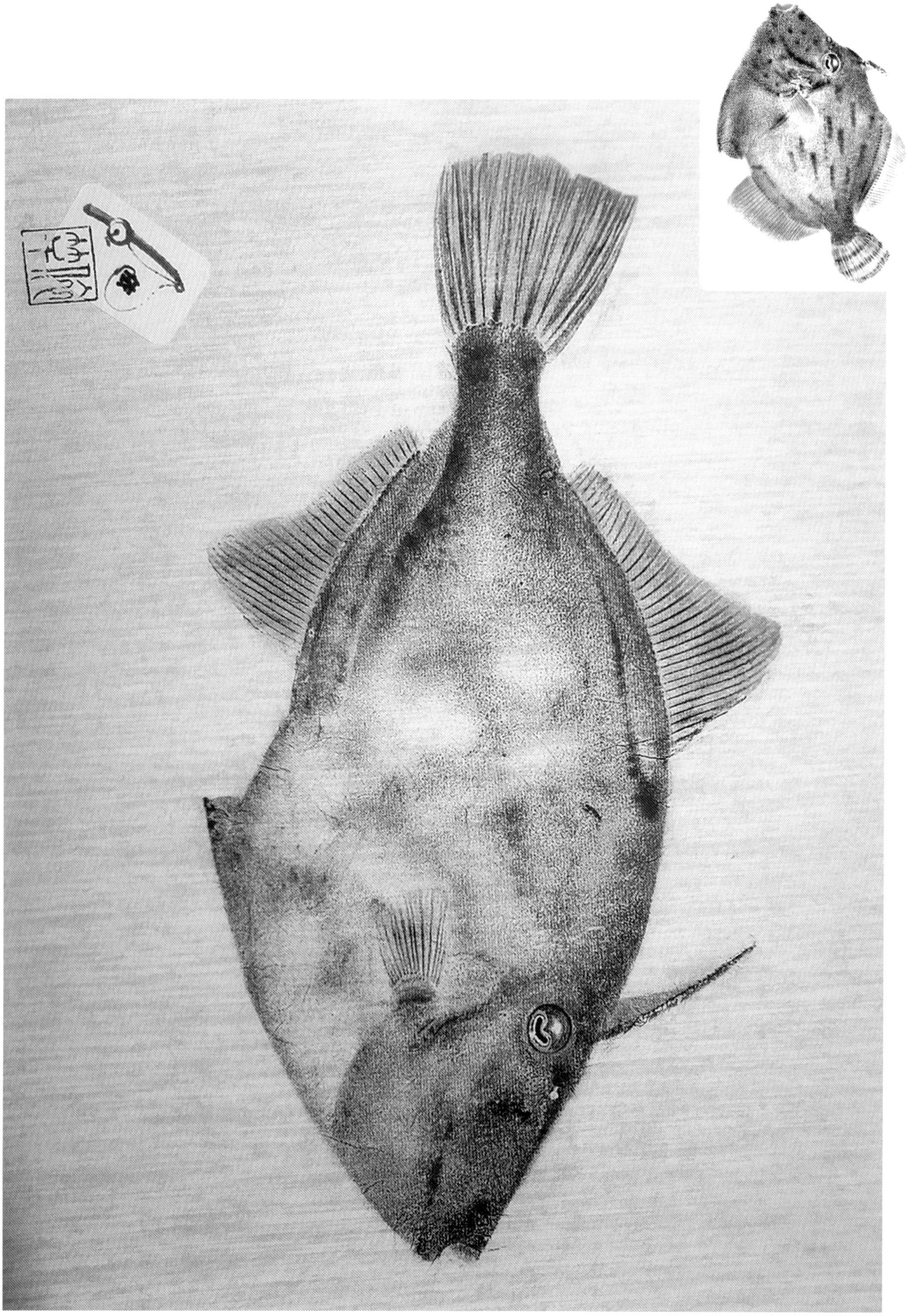

ウマヅラハギ　下田

父の日や
望郷酒場
口ずさみ

いさお

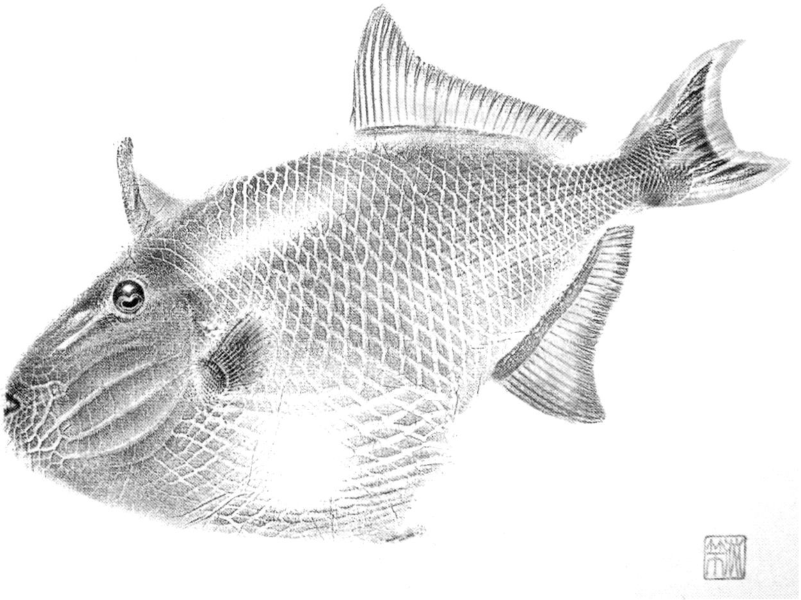

モンガラカワハギ　伊東

病院という名の
獄舎
冬隣

いさお

カワハギ　伊東

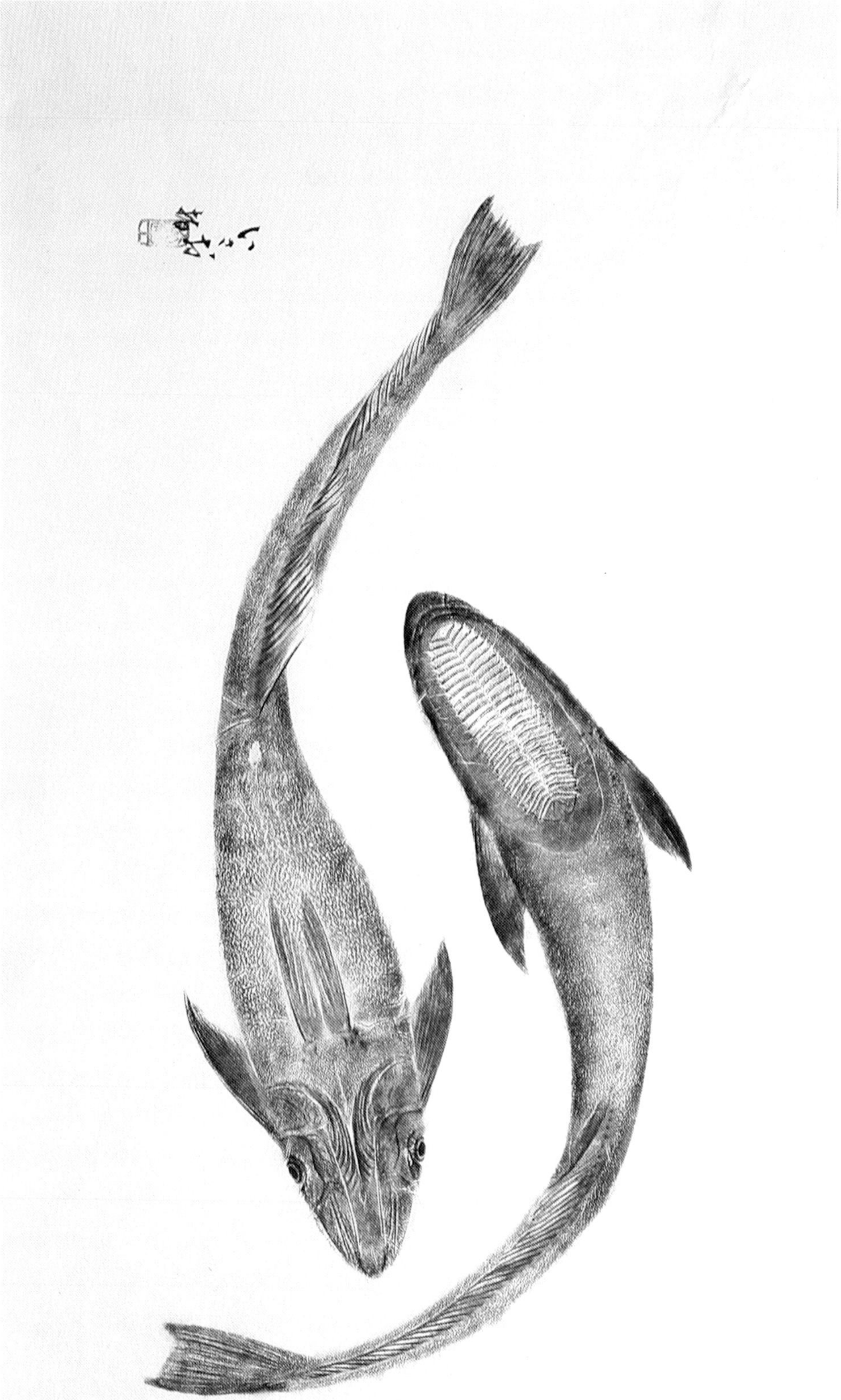

コバンザメ　伊東

ヒシダイ　伊東

テングダイ　八丈島

アラ　伊東

イトフエフキ　南伊豆

秋夕焼釣人は皆シルエット

コショウダイ　伊東

トゲナガイサキ　伊東

タカノハダイ　南伊豆

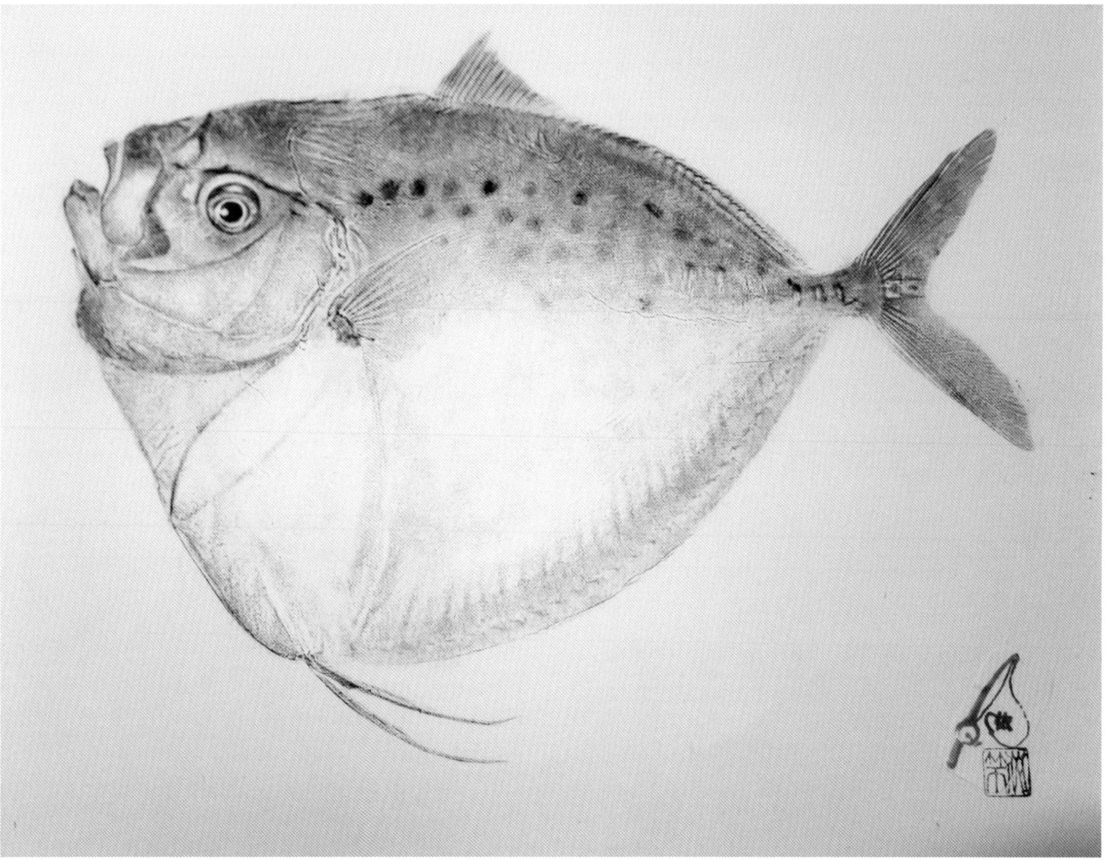

ギンカガミ　九州

キジハタ　広島

タマガシラ　広島

マグロの尾　九州

川の句

岩魚釣り終へて山の湯目ざしけり

金魚釣子等に敵はぬ老釣師

軽鴨の子ら付かず離れず水尾の中

鯉跳ねて蓮の大輪さざめきぬ

川筋を幾多に分けて雪解急

魚釣り来ての亭に蕨採り

残雪や渓流釣りの道閉ざす

谿深し岩魚のゆするデイパック

夏霧や黙して通るけもの道

爆竹を空に放ちし岩魚釣り

鈎含み果てし岩魚の黄色濃し

冬夕焼露天湯谿の底の底

山笑ふ背なに短き竿二本

雪解水海の青さを侵しけり

湯の宿の乳頭の噂岩魚釣り

淡水魚

ヤマメ　道南

ヤマメ　道南

危険
熊出没
声・音をだしながら歩きましょう

故郷に岩魚潭好し　いわし雲　いさむ

イワナ　函館

イワナ　函館

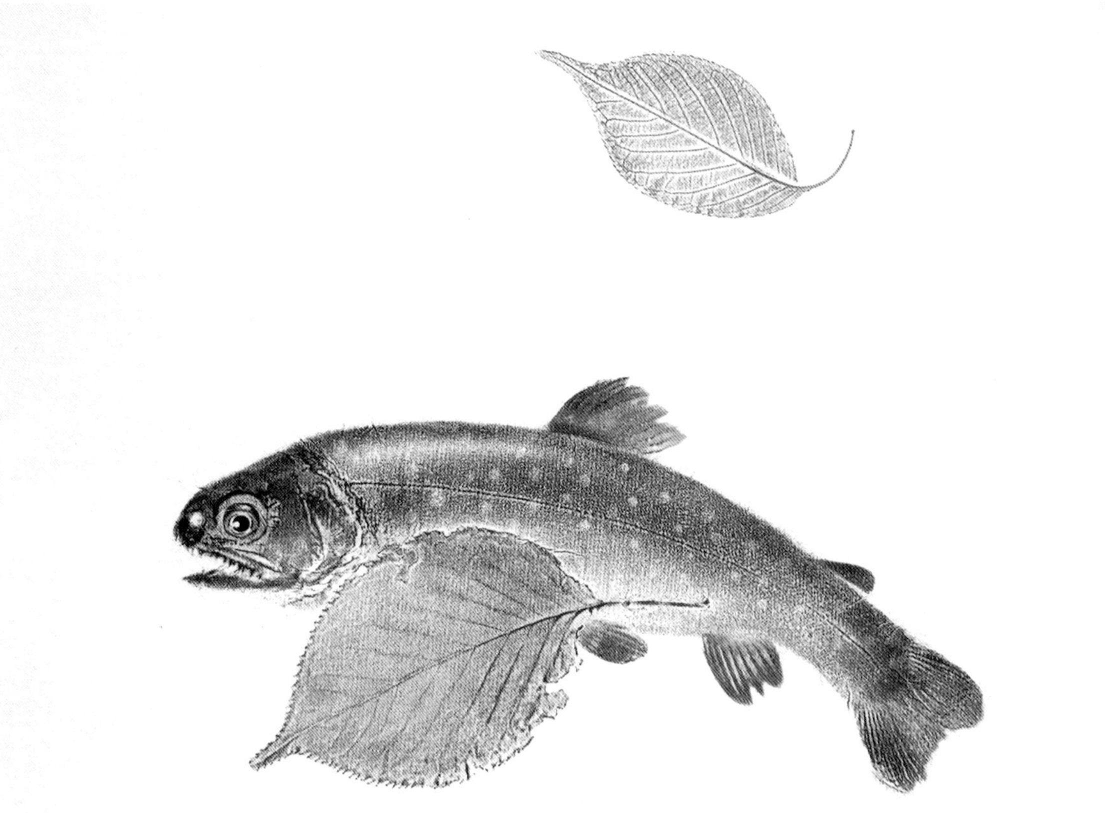

イワナ　函館

キュウリウオ　道南

ホウライマス　道南

ハゼ　千葉

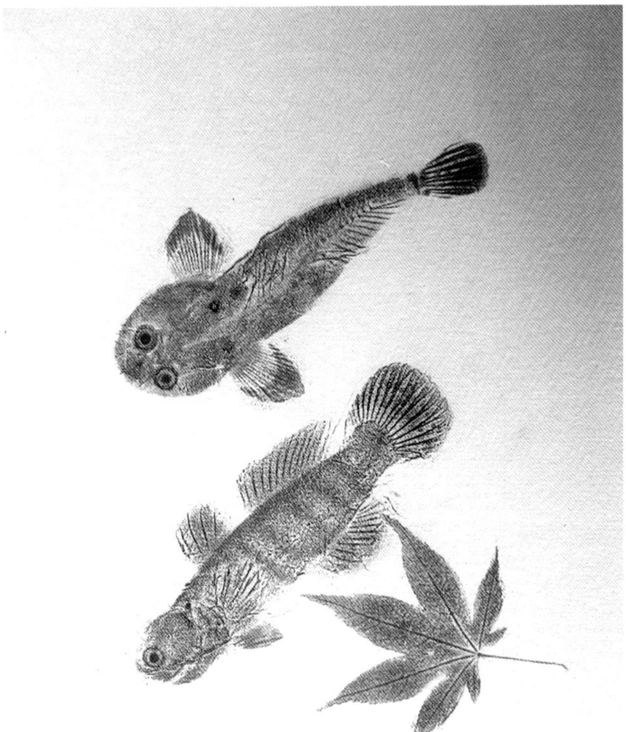

ハゼ　千葉

アユ　栃木

アユ　栃木

市ヶ谷へ降り立つ釣り師夏帽子　いさお

フナ　八潮

フナ　八潮

フナ　千葉

ブルーギル　八潮

ブルーギル　八潮

ブルーギル　八潮

ブラックバス　八潮

ブラックバス　八潮

ライギョ　八潮

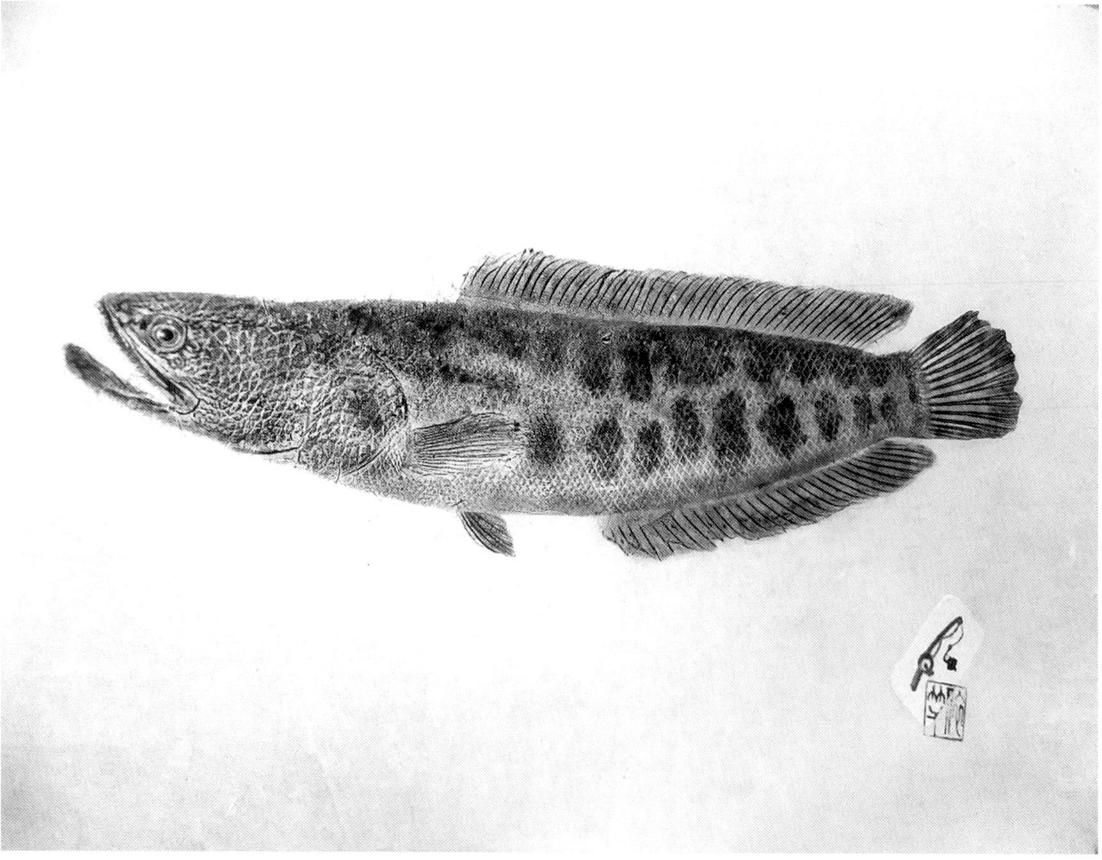

ライギョ　八潮

花鯎 喜々とし 婿の釣り便り　いさお

モツゴ　茨城

オイカワ　埼玉

ニジマス　八潮

コイ　八潮

心の句

鰥や妻積年の痛み知る

足摩るは痛の兆し温め酒

居酒屋に健康十訓秋海棠

居酒屋へ遠回りする今日の月

慰霊堂に吹く風荒き啄木忌

男手と乞はる勤労感謝の日

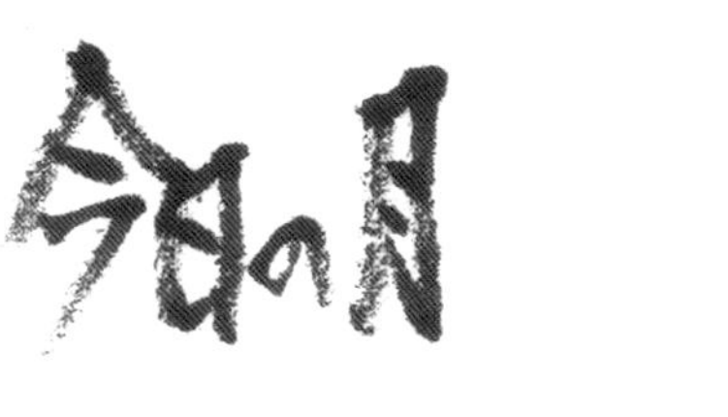

己が身を燃やして白し蚊遣香

木の芽風旅に出る子の荷の多し

数へ日や丁寧に押す出勤簿

車椅子届かぬ遠き天の川

再会を約すささやき雁渡し

百日紅鼻緒のゆるき宿の下駄

仕事始きりりと結ぶ靴の紐

始発から終点までの冬の旅

師と友と旨ひ肴と生ビール

鈴虫と鳴き競はせし駅舎かは

稲刈りを妻に委ねし小六月

ただ生きるのみには非ず草の花

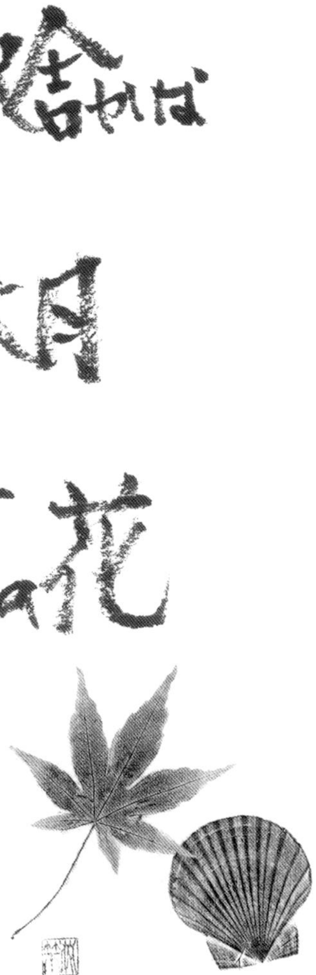

仲秋や電車で行けぬ空の旅

誓いこと今年も一つ反古

電車待つ前も後も虫の闇

童心の我にまだ有り捕虫網

燈火親し枕辺にある山頭火

止り木に居て逝く秋を惜しみけり

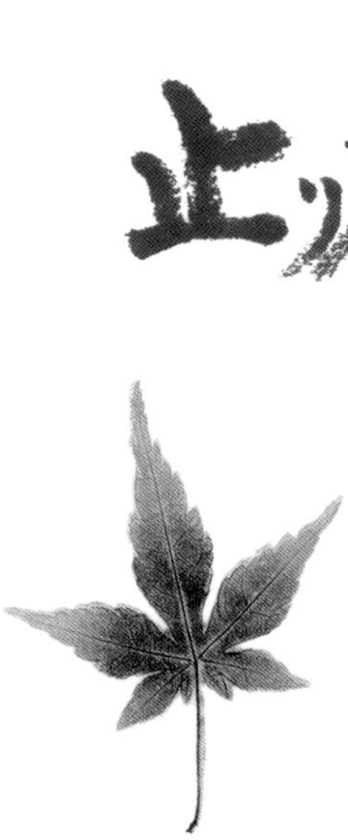

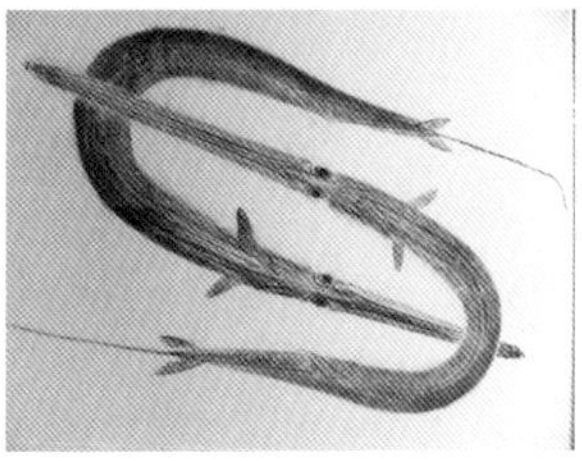

地震の跡寒月光そそぐのみ

長き夜や夢は勝手に来て開く

生ビールゆっくり動く喉仏

春寒し口に含みし麻酔薬

髭と濃く描かれし似顔半夏生

一人だけ頭抜けて高し夏帽子

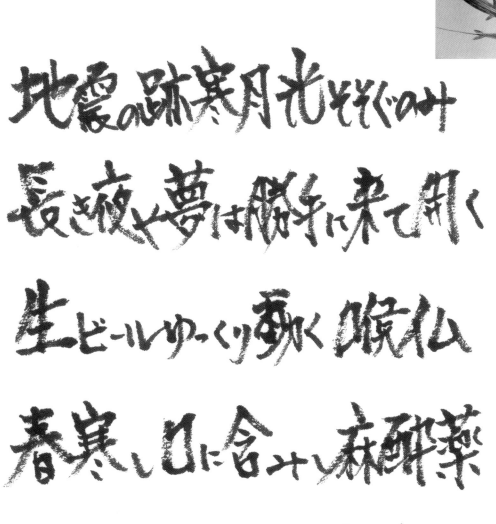

鼻に傷ある招き猫十三夜

日脚伸ぶ句会の後の艶談義

病院という名の獄舎冬隣

藤の花妻に尋ねし花ことば

ペンだこに当る鉛筆冬どなり

密造酒交はす級友冬の宿

武者返し登る悪童春うらら

病む妻の一口だけの冷奴

優先席固辞する男花辛夷

逝く秋の雨に動かず老釣師

魚拓教室

童謡

どじょっこふなっこ　春

どじょっこふなっこ　夏

どじょっこふなっこ　秋

どじょっこふなっこ　冬

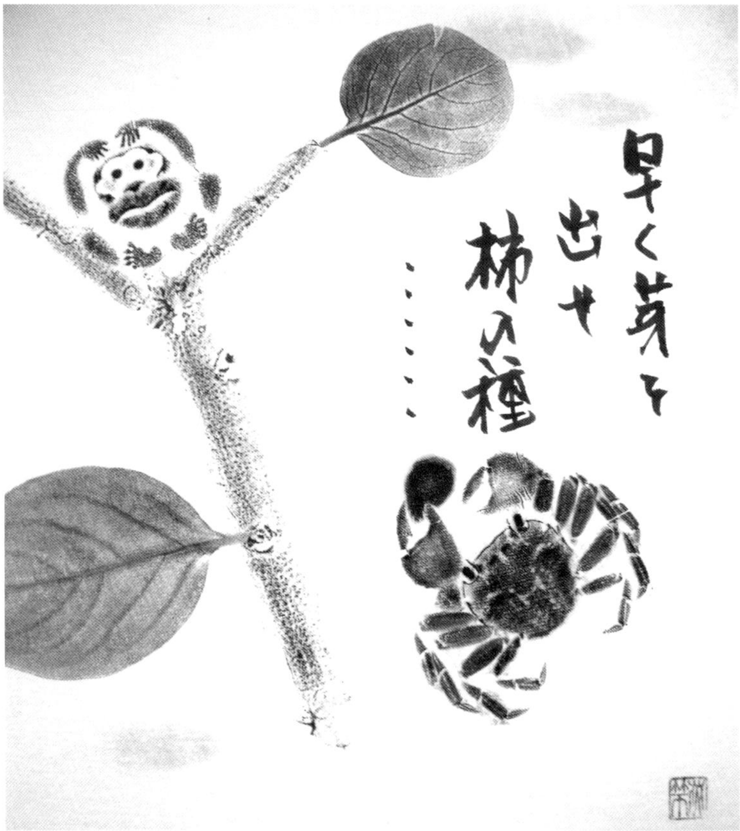

猿蟹合戦

あわて床屋

うさぎうさぎ

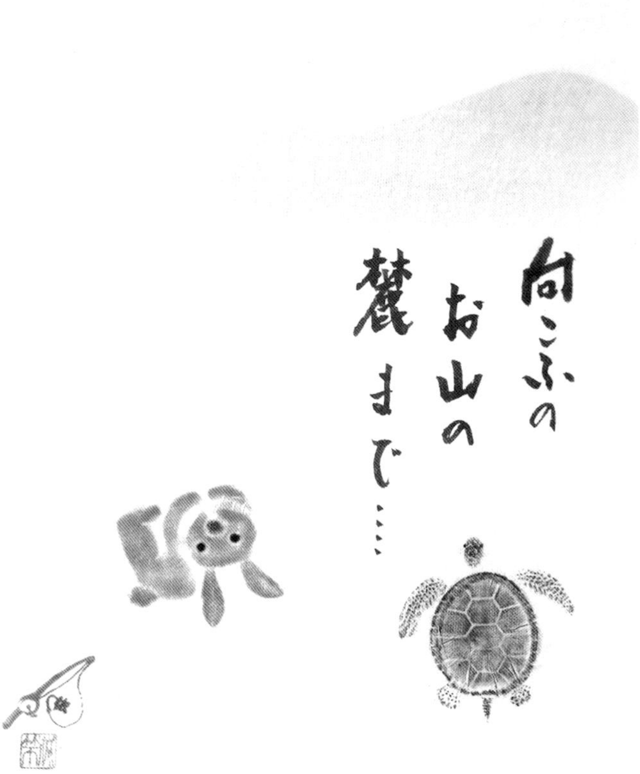

兎と亀

甲殻類

ワタリガニ

ワタリガニ

モクズガニ

ヒラツメガニ

平井海斗（小６時）サクラダイ♀♂

平井海斗（小４時）イシダイ♀♂

平井翔愛（小４時）　帆立貝・紅葉

平井翔愛（小５時）　ヌマガレイ

運動会孫の鈍足祖父譲り　いさな

魚名と掲載ページ

作者　略歴

川政　依竿（本名　川政　勲）

1944・7・4	茨城県日立市で生まれる
1964	山形県立米沢興譲館高等学校卒業
1968	日本福祉大学社会福祉学部卒業
1968・4	厚生省国立厚生援護施設にてケースワーカーとして勤務
2005	厚生労働省国立更生援護施設を定年退職
2005・11	叙勲　　瑞宝双光章を授与さる

1985	園部雨汀氏に釣り・俳句を師事
1986	カラー魚拓を開始
	以来、函館、札幌、青森、渋谷、所沢、八潮にて展覧会を開催
	公募展等に入賞多数
1996～	青森教室を開催中
2018～	八潮にてカラー魚拓教室を開催中

俳人協会会員　俳誌「朝焼け」にて「魚歳時記」連載中

Mail　1303isao@jcom.zaq.ne.jp
携帯電話　０９０－５９５８－８０６４

魚拓です２ ― 川政依竿 魚拓と俳句作品集 ―

2020年7月20日　初版第1刷発行

著　者　川政依竿

発行所　株式会社牧歌舎 東京本部
〒101-0064　東京都千代田区神田猿楽町2-5-8 サブビル2F
TEL.03-6423-2271　FAX.03-6423-2272
http://bokkasha.com　　代表：竹林哲己
発売元　株式会社星雲社（共同出版社・流通責任出版社）
〒112-0005　東京都文京区水道1-3-30
TEL.03-3868-3275　FAX.03-3868-6588
印刷・製本　株式会社ダイビ

ISBN978-4-434-27810-5　C0076